SACIMATA MUSIL

«LASS' DAS STEUERN –
LASS' DAS ZAGEN»

AF285906

Sacimata Musil

LASS' DAS STEUERN –
LASS' DAS ZAGEN

Aufgerollt ist Gottes Hand
diese Wogen zum Befahren
und die Sterne – dich zu wahren.

(Eichendorff)

Aufbauende Gedanken
für Genesende

Bibliografische Information
der Deutschen Nationalbibliothek:
Die Deutsche Nationalbibliothek verzeichnet diese
Publikation in der Deutschen Nationalbibliographie;
detaillierte bibliographische Daten sind im Internet
über <http://dnb.d-nb.de> abrufbar.

Herstellung, Druck und Verlag:
Books on Demand GmbH, Norderstedt

ISBN 978-3-8391-5465-6

Inhalt

Weise Lebensführung
gelingt keinem
durch Zufall.
Man muss, solange
man lebt, lernen,
wie man das Leben
leben soll.

Seneca
(um 1 - 65 n. Chr.)

Vorwort

Lieber Leser, Grüß' Gott – Namasté,

Es freut mich, dass Sie mein neues Buch mit auf-
bauenden Gedanken in Händen haben.
Vielleicht interessiert Sie seine Entstehungs-Ge-
schichte:

Plötzlich –
im Gespräch – fängt mein Atem an
zu stocken –
meine Stimme versagt –

Plötzlich –
der rechte Arm – eine schlappe Flosse,
die Finger kraftlos,
das rechte Bein lahmt auch!

Plötzlich –
der Schlaganfall aus „heiterem"
Himmel – er trübt sich ein –
bedrohlich.

Plötzlich –
nach geraumer Zeit hat die geistige Welt
meine Hilferufe vernommen.

Der ärztliche Befund liegt vor,
weist keine Blutungen auf,
keine Gerinnsel im Gehirn –
eine „Reha" ist möglich!
Ein Hoffnungsschimmer
tut sich auf!

Ich hatte in 43 Tagen Krankenhaus und Reha-Klinik reichlich Aufzeichnungen gesammelt und dachte mir, wenn du einiges auswählst als Lektüre für Genesende, wäre das auch ein Dankeszeichen für die Beteiligten, mit Texten zum Nachdenken aus Dichterhand. Auch wurde mir nochmals kosmisch mit 82 Jahren Zeit geschenkt, die ich positiv einsetzen will.

Ich hatte „Glück" – im Unglück.
Ich kann wieder sprechen,
kann wieder laufen,
meinen Arm bewegen
und die Finger benutzen -
Dank der Ausdauer
meiner Therapeuten und
meiner selbst.

„Vertrau dem Hoffnungsschimmer,
noch zart am Firmament –
und deiner Sehnsucht immer –
die ihre Heimat kennt."

(Richard Wagner)

Ihnen alles Gute, Gesundheit und Glück.
Denken Sie positiv!

Ihre Autorin
Liselott Sacimata Musil, Lindau
„Maria Himmelfahrt", 15. August 2009

Über das Altern

Übers Altern denkt man in einer glücklichen Kindheit nicht nach. Man wächst wie ein Pflänzchen heran oder entwächst seiner prallen Zwiebel, die eines Tages grüne Triebe zeigt und wenn sie zur Blüte kommt, wird die alte Hülle wertlos. Viel ist zu bestaunen, stündlich erlebt man Neues.

Ich wuchs in einem alten Haus auf. Es war von einem blühenden und grünenden Garten umgeben und es fehlte auch ein Sandkasten nicht, mit Schaufel, Rechen und Gießkännchen. Die vielen Blechförmchen wurden mit feuchtem Sand ausgefüllt und dann gestürzt, wie eine Kuchenform. Dieses erste Paradies war in einem oberbayrischen Dorf und Mama widmete uns viel Zeit, war im Haushalt beschäftigt und half meinem Vater, um die Patienten seiner Zahnarztpraxis einzuweisen. Manchmal fuhr sie nach München, um Fehlendes für die Praxis einzukaufen.

Abends freuten sich meine Schwester und ich auf das Zubettgehen. Wir mussten allerdings pünktlich in die Federn und im Sommer maulten wir ein bisschen. Doch das Schlafzimmer war etwas besonderes. Wer hat schon gemalte gelbe Sterne und Wölkchen an den Wänden. Mamas Fantasie und ein geschickter Maler zauberten mit Hilfe von Schablonen eine märchenhafte Kulisse. Von der weißen Decke hing eine Stall-Laterne aus blauem Glas herab und wenn sie am Abend aufleuchtete, waren auch unsere Bettchen in magisches Licht getauch. Und in dieser Umgebung setzte sich Mama auf unseren Bettrand und erzählte uns Wundervolles von Prinzessinnen und verzauberten Prinzen, die auf ihre Erlösung warteten. Manchmal kam sie mit einem dicken, grün eingebundenen alten Märchenbuch und las daraus vor.

Zum Abschluss gab sie jedem Kind ein Kreuzlein auf die kleine Stirn. Ich fühlte mich beschützt und gesegnet.

Diese Idylle hielt nur ein paar Jahre an. Vaters altes Kriegsleiden nahm bedenkliche Ausmaße an und Mutter war gezwungen, einen Kollegen aufzunehmen, der ihn öfters ersetzte. Immer mehr war er längere Zeit im Krankenhaus und es hieß schon, er sei vielleicht unheilbar krank. Mamas schöne blauen Augen standen oft in Tränen und sie schien sich große Sorgen um unser Weiterkommen zu machen.

Als frühere Lehrerin lag ihr unsere schulische Ausbildung am Herzen und so entschloss sie sich, in die nächste Stadt umzuziehen. Es herrschte aber Wohnungsnot. Eine Regierungsbeamtin half ihr und so zogen wir in eine neue Wohnung in einem Mietblock um. Das war eine große Umstellung und wir hatten auch kein Gartenparadies mehr. Doch Mama mietete einen Kleingarten, in dem Blumen und Beerensträucher wuchsen. Eine Haselnusshecke beschirmte unsere grüne Kinderbank und eine Schaukel war auch da, die von einer Himbeerhecke eingeschlossen wurde. Am Gartenhäuschen blühte ein üppiger „Goldregen"-Strauch.

Da wir 1933 in die Grundschule kamen, wuchsen wir langsam in das Naziregime hinein. Mama spürte, wohin das führen konnte, nachdem wir ab 1933 „Luftschutzübungen", auch mit Gasmasken im Schulhof durchführen mussten.

Trotzdem, das Leben nahm seinen Lauf. Da unsere Familie religiös fundiert war und treu zusammenhielt, war alles noch irgendwie erträglich – von meiner Sicht aus. Ich konnte an einer städtischen Kunstschule ein paar Semester Grafik und Schrift üben. Doch wie ein Blitz erfolgte ein Bombenangriff auf die Rüstungsfabrik der Stadt. Die Schule wurde geschlossen. Bisher waren noch keine Bomben auf die Zivilbevölkerung gefallen. Im 1. Weltkrieg hatten die Soldaten die Grenzen der Heimat schützen können, nun aber standen die Soldaten an der Front und trotzdem tobte sich das Kriegsgeschehen aus. Hunger machte sich breit. Die sog. „Lebensmittelscheine" deckten nur den dringendsten Bedarf und es fehlte hinten und vorn. Mama hielt auf dem Markt Reden, beim Schlangenstehen um einen Wirsingkopf oder Salat. Viele gingen leer aus. –

In der Nachkriegszeit hatte ich Glück, als Gastschülerin an der „Meisterschule für Buchdruck" in München angenommen zu werden. Das hieß:

Jeden Tag im bummelnden „Eilzug" zu fahren und abends zurück. Meist waren die Züge nicht geheizt und wegen Überfüllung mussten wir oftmals stehen, denn die Sitzplätze waren für ältere Menschen oder Kinder bestimmt.

Auf Empfehlung eines Professors bekam ich in einem aufstrebenden jungen Verlag eine erste Anstellung als Buchherstellerin. Das kleine Gehalt reichte, um ein Untermietzimmer mit Badbenutzung zu bezahlen, sparsam zu leben und zu Festtagen eine Zugfahrt nach Hause zu begleichen. Alles andere wäre Luxus gewesen. Es ging aber allen Menschen ähnlich und so herrschte eine gewisse Kameradschaft in der Nachkriegszeit.

Wieder half mir meine Intuition und ein „Zufall". So erfuhr ich von einem größeren angesehenen Buchverlag in München und einer vakanten Stelle. Kurz nach meinem Vorstellungsgespräch siedelte ich nach München um. So wurde ich natürlich in der Schwabinger Künstlerszene bekannt. Ich konnte junge Grafiker für Einbandentwürfe gewinnen und meinem Arbeitgeber begabte Mitarbeiter vermitteln. Danach war ich als Redakteurin in der Industrie tätig und baute eine Firmen-Werkbibliothek auf.

Ich will nun meinen Lebenslauf abkürzen. Es ergab sich, dass ich zum Bayrischen Rundfunk kam, ausgewählt für den Kinder-Hörfunk. Ich gab mehrere Bücher für Kinder heraus. Dann begegnete mir mein Lebenspartner, ein Prager Flüchtling. Wir heirateten in Nymphenburg.

Meinen 70. Geburtstag feierte ich – längst Witwe – in Prag, in der „Goldenen Stadt" an der Moldau. Eine kleine Reisegruppe hatte mich im Bus mitgenommen und ich erlebte eine unvergessliche Aufführung von Mozarts genialer Oper „Don Giovanni".

Mit 80 Jahren erfüllte sich ein Jugendtraum – ich konnte anlässlich einer guten Konstellation an den Bodensee ziehen, wo ich ein kleines geeignetes Appartement auf der Lindau-Insel bekam. Diese Landschaft, diese Weite wirken nicht nur auf mich inspirierend.

Ich bin noch kreativ tätig, male, schreibe Lebensbücher, meditiere am See, „solange noch das Lämpchen glüht."

Gedichte im Krankenbett

Durchs Klinikfenster
schau ich hinunter
zur geschwungenen Auffahrt.
Ein pinkfarbenes Auto
fällt auf, zwischen grauen
und ziegelroten Pflastersteinen.

Hier ist ein Rondell
angelegt. Auf festen Beinen
steht da ein bläulicher Stier
aus Metall.
Sein Hinterteil steht
im Rosengestrüpp.
Seitlich davon recken
Feuerlilien ihre gepunkteten
Kelche empor.

Drum herum
ein Kommen und Gehen.
Fußgänger,
helle Taxis und
silberne Dienstwagen
und auch Sanis
mit ihren Rote-Kreuz-Wagen.

Da tritt jemand heraus
aus dem Schatten.
Es ist Peter,
mein Physiotherapeut.
Federnd läuft er
in seine Auszeit.

Bald – vielleicht in zwei Wochen schon,
werde auch ich die Klinik verlassen können.

Dreifaltigkeits-Sonntag

Vater – Sohn – Heiliger Geist, Drei-Einigkeit.
Die Regenlandschaft wie weggefegt!
Überm See strahlende Sonne und Bläue.
Die Hausberge erscheinen frisch begrünt.
Jedes Haus, jedes Fenster deutlich zu erkennen.
Es herrscht Fön!
Ich lebe auf der Insel, wo andere Urlaub machen.
Patrick, mein junger japanischer Freund,
frischgebackener Studienrat für Physik
und Mathematik seufzt: „Ich beneide dich"
Ich nicke: „ Ich beneide mich selbst",
das ist meine Wahlheimat –
Den Lebensabend hier verbringen -
welcher Genuss, dem Wolkenspiel,
dem Wellenspiel zuschauen,
ich kann das stundenlang,
ohne zu ermüden –

Ich mache ZEN Übungen –
manchmal bin ich wunschlos glücklich.

Schlendern auf der Lindau-Insel

In der Maximilianstraße
stehen Blumenkübel
mit Trompeten-Glocken
und blauen Staudenblüten
zwischen den Tischchen
und Sesseln.
Die Kaffee- und Eiskarten
liegen bereit.
Man trifft sich hier
unter hellen und roten Sonnenschirmen.
Ein Windstoß bläst orange-
farbene Blüten zu Boden.
Ein Ober wartet auf Bestellung

Für Einheimische sind
in der Hochsaison
zuviel Leute auf der Straße.
Kinder schreien.
Robuste Radfahrer
schieben ihre Räder
durch die laufende Menge,
kein Vergnügen.
Ungeduldige versenken
leere Dosen und Flaschen
in den Blumenkübeln.

Ich will mich nicht
aufregen, packe jedoch
als Naturschützerin
den Abfall
und befördere ihn dahin,
wo die Stadt genügend
blitzende Metalltönnchen
aufgestellt hat – gleich daneben.
Es ist nicht jeder
von einem Schönheitssinn
beseelt.

Dem Bodensee ist es egal.
Seine Wellen und Wogen,
die weißen Möwen,
die sich im Wogengang
wiegen, ebenso!

Schiffsirenen tönen
durchdringend, melden
die An- und Abfahrtszeiten an!
Schiff ahoi! Leute steigen ein.

Der Kapitän lässt die Drahtseile los.
Vorbei zwischen dem bayrischen
Löwen und dem Leuchtturm
dreht das weiße Schiff ab –
Richtung Meersburg.

Beobachtungen

aus dem Klinikzimmer

Ein Großraum-Taxi
fährt zum Parkplatz.
Ein junger Fahrer steigt aus,
schlendert herum,
öffnet die rechte Tür
beim Beifahrersitz,
holt etwas heraus,
schlägt zu, stellt sich
vor den Fahrersitz,
beißt aufmerksam
in einen roten Apfel,
es scheint ein
knackiger Bodenseeapfel zu sein.

Der Fahrer unten
schaut auf seine Armbanduhr.
Leise fächeln
die weißen Fahnen
an den hellen Masten
der Klinik Asklepios.
Ich trinke langsam
meinen Granatapfelsaft aus.
Das Glas glüht
blutrot gegen die Sonne.

Die Bäume werfen kurze Schatten.
Es ist mittags, 12 Uhr.
Endlich kommt der
Ersehnte mit Rollator und Trolly.
Ein Patient wurde entlassen.
Der Fahrer räumt im Kofferraum ein.
Der Genesene geht zum Beifahrersitz.
Alles okay?

Eine kurze Runde vor der Abfahrt
und sie brausen los,
hinunter zum Aeschacher Kreisel –
in die Freiheit!

Nächtlicher Regen

Im Regen atmest du aus,
deine dunklen Nadeln
nach oben gerichtet,
schlanke Fichte aus Serbien.

Wie eine chinesische Pagode
erscheinst du mir gebaut,
nicht aus Stein wie
ein berühmter Tempelturm
außerhalb Pekings.

Dein Schattenriss,
scharf geschnitten
sticht zum grauen Himmel.
Er wirkt tröstlich.

Die Himmelsdusche
war wohltuend für alle Lebewesen.
Durchs gekippte Fenster
weht angenehme Frischluft
ins stickige Krankenzimmer.

Ich atme ein – ich atme aus.
Du atmest aus und wieder ein.
Wir tauschen unsere Atemzüge –
meine schlanke Fichte – und ich!

Die Straßen unten glänzen!
Befreit vom irdischen Staub,
spiegeln sie ein Stückchen Firmament
in rotlila Farben der aufgehenden Sonne!

Ein dunkler Vogel flitzt hoch
zum wolkenreichen Himmel,
wirft sich in einen gelben Lichtstreif.

Straßenlaternen verlöschen
beim anbrechenden Tag,
hinter den Zweigen der Rotbuche.

Lebensatem beflügelt mich neu.

Ich murmle einen Mantra
aus dem alten Tibet:

OM MANI PADME HUM !

Aufzeichnungen
in der Rehabilitation
(Reha)

Frühmorgens kommt ein Altenpfleger vorbei – ungerufen. Er spürt sehr viel – hat langjährige Erfahrung. Seine letzte Runde, bevor er zum Ausschlafen nach Hause geht, gilt unserem Zweibettzimmer. Meine Bettnachbarin war schon versorgt worden. Er zieht mich im Bett hoch; ich halte mich mit einer Hand an der Angel. Dann legt er meine leichte Baumwolldecke zurecht, bedeckt Brust und Füße. Ich habe noch ein Stündchen zum Träumen.

Dann kommt die sanfte Pflegerin aus der Ukraine. Sie lebt schon zehn Jahre in Deutschland. Sie hilft beim Waschen und Anziehen. Sie öffnet mein Schrankteil. Da es heute morgen noch kühl ist, suchen wir mein altrosa Frottee-Hauskleid mit den großen Taschen heraus.

Kurz vor dem Frühstück erfahre ich, dass ich meinen Rollstuhl im Zimmer lassen soll. Ich muss wieder laufen lernen mit Hilfe eines Rollators aus dem Fundus der Klinik. Das will geübt und gelernt sein – Gleichgewicht halten, parken, loslassen und fahren. Im Speisesaal wieder parken. Eine Schwesternhilfe im gelben Shirt hilft mir, am Tisch auf einem Stuhl Platz zu nehmen.

Jeder hat seinen Stammplatz. Nach einem reichhaltigen Frühstück holt mich Johannes, ein junger Praktikant ab, an den Home-Trainer, vorerst zehn Minuten üben. Pünktlich kommt er und begleitet mich zum Zimmer.

Die Tür ist schwer, doch er stößt sie zum Zimmer auf. Ich ruhe mich am Fenster aus, genieße die Landschaft.

Später kommt meine Ergotherapeutin vorbei. Ich lese ihren Namen auf dem Brustschild. Sie hat eine gute Ausstrahlung und sieht mit ihrem gebräunten Gesicht und den braunen klugen Augen exotisch aus. Sie hat glänzende lange, leichtgewellte schwarze Haare – erinnert mich an eine Indianerin, die ich früher einmal getroffen hatte. Sie zieht ihr rotes Terminheft für Einzelsitzungen heraus und sagt: „Bitte, um 14 Uhr, nach dem Mittagessen – bei mir." Dieser interessante Raum, der anscheinend Zentrum der Therapeuten ist, liegt gleich in einem schmalen Gang um die Ecke, wo auch eine Personenwaage steht. Sie will meine Feinmotorik prüfen und aktivieren. Ich konnte ja keinen Bleistift mehr halten, so geschwächt war ich.

Als ich das zweitemal einen Einzeltermin bei meiner Ergotherapeutin habe, erzählte sie kurz von ihrem Werdegang. Sie ist auch ausgebildete Heilpraktikerin. Sie sagte zu mir: „Ich bin froh, dass Sie zu mir kommen. Ich bin Ihnen etwas schuldig – von früher!"

„Nun, so schlimm kann es nicht gewesen sein", meine ich, „ ich habe es längst vergessen."

Eine zweite „Wiederbegegnung" habe ich mit meinem hochsensiblen Physiotherapeuten, der wie ich schriftstellerisch begabt ist. Ich las von ihm eine bemerkenswerte Geschichte vom jungen Griechen Paolo, der eines Tages erlebte, dass seine Hände reden konnten und was dies für ihn und andere bewirkte.

Wir machen zusammen – einmal er – einmal ich – ein interessantes farbiges Würfelspiel. Man muss aus länglichen farbigen Holzstäbchen einen Turm bauen. Dann wird für mich der Arbeitstisch höher gestellt. Wir arbeiten also im Stehen. Da ich mein Gleichgewicht nicht zu lange halten kann, darf ich mich setzen, wenn ich ermüde. Dazu steht ein hellblauer gepolsterter Stuhl hinter mir. Das Spiel ist spannend. Es gilt ja, mit den Fingerspitzen zu erfühlen, was man schieben und herausnehmen darf, wenn man sich mit der Statik befasst. Natürlich stürzt der Turm einmal ein und nun gilt es, die bunten Holzstücke wieder so einzuordnen, dass sie in die Schachtel passen.

Heute, 12. Juni, ist ein Meeting in der Gruppe mit der bulgarischen Physiotherapeutin, die einen „Gewürznamen" trägt, wie sie sagt. Es geht um

Gedächtnisübungen, Bildung neuer Wörter und Wiederholungen von Gehörtem, das wir im Gedächtnis behalten sollen.

Ich will nun nicht weitere Übungen, die wir in der Gruppe als Art Krankengymnastik machten, beschreiben – das ergäbe ein eigenes Buch. Es herrschte jedenfalls stets eine heitere Atmosphäre.

Am 19. Juni dann ein Freudentag für mich! Meine verehrte brasilianische Ärztin „Flavia" eröffnete mir, dass aufgrund meines eifrigen Mittuns eine Verlängerung des Reha-Aufenthalts bei der Kasse genehmigt sei und sie teilte mir den vorgesehenen Entlassungstag mit.

Gott sei Dank – am 9. Juli konnte ich die Klinik verlassen – geheilt!

Erzengel Gabriel (um 1514)

Alle Mann an Bord

Abendfrieden über'm Bodensee

Münster Lindau mit Neptunbrunnen

Lindauer Hafeneinfahrt mit Bayerischem Löwen und Leuchtturm

Die Autorin (Mitte) als Patientin mit Freundin Elisabeth (in rosé) und
Sister AMF (im blauen Dirndl und Klinik-Rollator)

Abschied vom schönen Patientengarten der Asklepios-Klinik Lindau

Foto: prolindau

Wieder zuhause; Lindauer Yachthafen
Blick auf Bregenzer Bucht

Texte zum Nachdenken

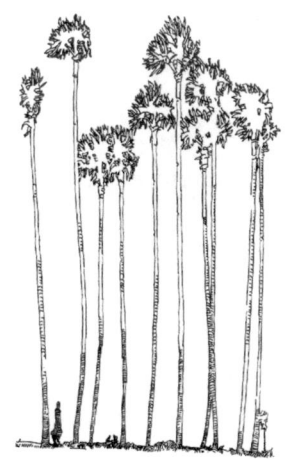

Welkes Blatt

Jede Blüte will zur Frucht,
Jeder Morgen Abend werden.
Ewiges ist nicht auf Erden
Als der Wandel, als die Flucht.

Auch der schönste Sommer will
Einmal Herbst und Wolke spüren,
Halte, Blatt, geduldig still,
Wenn der Wind dich will entführen.

Spiel' dein Spiel und wehr' dich nicht,
Lass' es still geschehen.
Lass' vom Winde, der dich bricht,
Dich nach Hause wehen!

Hermann Hesse
(1877-1962)

Uferweg – Lebensabend

Sonnenglanz auf hellen Wegen,
Rosenduft und Möwenschrei,
Schwing dich auf, geliebte Seele,
in der Bläue bist du frei.

Alles hier ist nur ein Spiegel
deiner Gottes-Wirklichkeit!
Tauche ein in die Gewissheit,
sei zum letzten Flug – bereit.

Liselott Musil

Nähe

Ich tret' in deinen Garten,
wo Süße, weilst du heut?
Nur Schmetterlinge flattern
durch diese Einsamkeit.

Doch wie in bunter Fülle
hier deine Beete steh'n
und mit den Blumendüften
die Winde mich umweh'n.

Ich fühle dich mir nahe,
die Einsamkeit belebt,
wie über Seinen Welten
der Unsichtbare schwebt.

Ludwig Uhland
(1787 – 1862)

Mondnacht

Es war, als hätt' der Himmel
die Erde still geküsst,
dass sie im Blütenschimmer,
von ihm nun träumen müsst!

Die Luft ging durch die Felder,
die Ähren wogten sacht.
Es rauschten leis die Wälder,
so sternklar war die Nacht.

Und meine Seele spannte
weit ihre Flügel aus,
flog durch die stillen Lande,
als flöge sie nach Haus.

Joseph von Eichendorff
(1788 – 1857)

Weh' den Satten

Ich habe Mitleid, Herr,
mit den Hungernden.
Größeres Mitleid aber
habe ich mit den Satten,
die sterben am Übermaß
und Langeweile.

Die alte Straße

Auch Wege altern und sterben:
Wir sind gleich alt, liebe Straße!
Schau, mit wieviel Freundschaft
ich deine abgesackten Ränder betrachte,
während du dir wie eine Schwester
meine immer tiefer werdenden Falten
ansiehst. --

Dom Helder Camara
(1909 - 1999)

Die,

denen wir Stütze sind,

geben uns Halt

im Leben.

Marie von Ebner-Eschenbach
(1830 - 1916)

Wie Samen

Wie Samen,
die unter der Schneedecke träumen,
träumen eure Herzen vom Frühling.
Vertraut diesen Träumen,
denn in ihnen verbirgt sich
das Tor zum Unendlichen.

Khalil Gibran
(1883 - 1931)

Liebe zur Natur

Der Mensch könnte wirklich ein langes Leben *ohne irgendeine Krankheit oder Schwäche* genießen, wenn er beginnen würde, *nur mit den Brüdern und Schwestern zu leben, die ihm wirklich helfen* – mit den Pflanzen und Bäumen.

Wir sind als physische Körper auch Teil dieser Familie. Aber sie gehören ebenfalls zu unserer Seele, weil sie ebenso Seelen sind.

Sie lieben unsere Nähe, und untereinander leben sie friedvoll und freundschaftlich. Kommen jedoch Menschen mit zerstörerischen Absichten, fühlt sich ihre Natur bedroht.

Wir dürfen uns der Natur bedienen, aber wir sollten diese sehr weise tun, damit sie keinen Schaden nimmt. Wenn wir einen Baum fällen, sollten wir vorher fünf Bäume pflanzen.

Pflanzen und Bäume ergänzen unser Leben. Sie sind Freunde und Heilmittel. Es gibt also eine sehr einfache Weise, den Körper zu heilen.

Die beste Medizin aber ist zweifellos unser Vater Gott. *Ist Er mit uns*, wird Er uns überall helfen und wir werden nicht dem Leiden überlassen.

Sant Thakar Singh
(1929 - 2005)

Wer leben will

Wer leben will –
der muß sich Zeit nehmen.
Ohne Zeit gibt es kein Leben.
Das Leben vollzieht sich in der Zeit
und nur wer sich einläßt
auf seinen Zeit-Rhythmus,
der ihm angemessen ist,
schwingt in das Leben ein,
das für ihn bestimmt ist.

Es geht darum,
den inneren Rhythmus
des eigenen Körpers
und des gesamten Kosmos
zu erspüren und sich
darauf einzuschwingen.

Erfahrung des Rhythmus
bringt uns mit der Energie
in Berührung, die in unserem
Unbewußten bereit liegt.

P. Anselm Grün

Der Mensch weist in seinem Leben

Der Mensch weist in seinem Leben die Spur aller Zustände auf, die durch den Lehm seines Körpers hindurchgegangen sind. Gewisse Atome seines Körpers entsprechen dem Mineralreich, dem Pflanzenreich, dem Tierreich, alle sind in ihm verbunden.

Nicht nur sein Körper, auch sein Bewußtsein reflektiert alle Reiche, durch die er hindurchgegangen ist, denn *das Bewußtsein ist der Mittler zwischen Himmel und Erde.* Der Mensch erfährt den Himmel, wenn er sich seiner Seele bewußt ist. Er erfährt die Erde, wenn er sich seines Körpers bewußt ist.

Wenn wir fragen: *„Was ist denn das Menschliche in ihm?"* – lautet die Antwort: "Alles zusammen, alle Attribute der Erde und des Himmels.

Die Stille, Härte und Stärke der Steine, die Fruchtbarkeit und Nützlichkeit der Pflanzen, die Kampfbereitschaft und Zuneigung der Tiere, der Erfindergeist, der künstlerische, dichterische, musikalische Genius der Geisteswelt; die Schönheit und Erleuchtung, die Liebe und der Frieden der Engelssphäre – alles zusammen bildet den Menschen.

Weil die menschliche Seele aus allem besteht, ist sie der Höhepunkt, für den die ganze Schöpfung erschaffen wurde."

Hazrat Inayat Khan
(1882 - 1927)

Alles hat seine Engel -
Zeiten und Jahre,
Flüsse und Meere,
Früchte und Gras,
Schnee und Wolken,
die Sterne !

(Zweites Buch Henoch)

Seelengebet

MICHAEL, entfalte das Licht in mir,
dass ich mich wieder wärmen kann
an meiner Seele,
dass ich wieder gehen kann mit
    meinem Herzen,
dass ich mir wieder vertrauen kann
und wieder weiß, was Wahrheit ist
und was Täuschung!
Michael, mit deinem Schwert aus Licht
zerschneide ich jetzt meine Fesseln !

GABRIEL, nimm alle Zweifel von mir,
hilf mir, zu sprechen und zu handeln,
    wie ich wirklich bin.
    voller Liebe und Zärtlichkeit,
    voller Stärke und Mut,
    voller Hingabe ans Leben.

GABRIEL, lass' durch mich die Wahrheit
    meiner Seele fließen.
    Ich danke dir!

Atme in mir, Heiliger Geist –
Lächle in mir
Lächle durch mich Dein Lächeln
sichtbar in diese Welt.

Singe in mir das Lied deiner Liebe –
Singe es durch meinen Mund
hörbar in die Schönheit dieser Welt.

Wirke in mir, Heiliger Geist –
Wirke durch mich den Kern Deines Wesens
greifbar für diese Welt.

Ruth Nickel

Bei Dir ist das Licht

In mir ist es finster,
aber bei dir ist das Licht.

Ich bin einsam,
aber du verlässt mich nicht.

Ich bin kleinmütig,
aber bei dir ist die Hilfe.

Ich bin unruhig,
aber bei dir ist der Friede.

In mir ist Bitterkeit,
aber bei dir ist die Geduld.

Ich verstehe deine Wege nicht,
aber du weißt den Weg für mich:

Dietrich Bonhoeffer
(1906 - 1945)

Weisheiten aus Ost und West

Auf der Welt gibt es nichts,
was sich nicht verändert.
Nichts bleibt ewig so,
wie es einst war!

Tschuang Tse (China)

Dazu sind eben Wünsche
und Träume dir verliehen,
um alles, was dir fehlt,
in deinen Blick zu ziehen!

Friedrich Rückert
(1799 – 1860)

Nütze alles an Begabung, was du hast !
Es wäre still in den Wäldern,
würden nur die Vögel singen,
die es am besten können.

Klopf' an den Himmel
und horch dem Klang.

ZEN-Weisheit

Rund um die Uhr
mit Gott verbunden

An diesen Grenzen scheitert nicht das Christsein, in ihnen entwickelt es sich.

So hat *Franz von Sales* gelehrt, so hat er gelebt.

An ihm hat sich Johannes XXIII. orientiert, an seinem Leben wie auch an seiner Lehre. Für den Heiligen der Gottesliebe im Alltag war jede Stunde mit Gott, jeder Augenblick ein Augenblick zwischen Gott und mir. Er hat gezeigt, wie es möglich ist, „rund um die Uhr" mit Gott verbunden zu sein. Rund um die Uhr, 24 Stunden hindurch, bei Tag und Nacht, vom Aufwachen bis zum Einschlafen, von hellwach bis todmüde, jederzeit, an jedem Ort.

Rund um die Uhr wollte auch *Johannes XXIII.* liebevoll mit Gott verbunden sein. Er, der auf der Uhr des Herrn die Stunde der Liebe wies.

Dabei blieb er bescheiden, zufrieden mit dem, was ihm tagtäglich möglich war. „Mir ist es gegeben, das Gute während zwölf Stunden zu wirken."

„Ihm war klar: Gutes tun erwächst aus Gottes Gnade. Nicht ich muss es mir geben, es ist mir von Gott gegeben." (Christina Busta)

Seine Gabe
will für mich zur Aufgabe werden.
Seine Güte will in mir Gutes wachsen lassen.

Nur für heute
werde ich eine gute Tat vollbringen
und es niemand erzählen.

Nur für heute
werde ich fest glauben –
selbst wenn die Umstände das Gegenteil
zeigen sollten – daß die gütige Vorsehung Gottes
sich um mich kümmert,
als gäbe es sonst niemand in der Welt.

Papst Johannes XXIII
(1881 - 1963)

Erkenntnis

Alles wird einfach -
wenn du den Weg
erkannt hast.
Geleitet vom Engel
gehst du sicher
ins Licht !

Sacimata

Abendläuten

In deine langen Wellen,
tiefe Glocke,
leg' ich die leise Stimme
meiner Traurigkeit,
in deinen Schwingen
löst sie
sanft sich auf,
verschwistert nun
dem ewigen Gesang
der Lebensglocke,
Schicksalsglocke,
die
zu unseren Häupten
läutet, läutet, läutet.

Christian Morgenstern
(1871 - 1914)

Geduld ist alles

GEDULD IST ALLES –

sagte der Mönch zum Manager. Vieles im Leben ist machbar, aber nicht alles. Vieles läßt sich berechnen, aber nur dem Geduldigen gelingen größere Werke.

Wer allzu sehr hastet, läuft sich wund. In der Geduld liegt die Weisheit der Mönche.

GEDULD IST ALLES –

sagte die kleine Bambusstaude. Nur wenn ich geduldig ausharre, werde ich groß und kräftig.

Ehe ich mein Holz abgebe, ehe man Wasserrohre aus mir macht, muß ich meine Wurzeln tief einsenken in das fruchtbare Erdreich, muß Wasser ziehen – muß in die Höhe und Breite wachsen.

Lange Zeit wird mich niemand beachten. Alles wächst in der Stille mit Geduld.

P. Adalbert Ludwig Balling (CMM)

.

Fünf Haiku (5 - 7 - 5)

*Erinnerung an den Japangarten
in Hagnau am Bodensee*

Die Quelle flüstert:
„Im rotgrünen Gartenteich
schwimmt ein großer Koi!"

Die Schildkröte schiebt
ihren Kopf aus dem Panzer,
schnuppert Frühlingsluft.

Der Mond lacht im Teich
im dunklen Japangarten
plumpst ein gelber Koi.

Sitz' im Bambushain,
trink grünen Tee bei Vollmond.
Ein Fisch glänzt im Teich.

Schattenriß im Mond
Vogel im Japangarten
besingt die Stille ---

Liselott Musil

Lebensweisheiten
von klugen Frauen

Am kostbarsten sind immer die Dinge,
die keinen Preis haben.

Älter werden bedeutet:
den Weg nach innen gehen.

Luise Rinser
(1911 - 2002)

Gott verlangt nichts vom Menschen,
ohne ihm zugleich die Kraft dafür zu geben.

Edith Stein
(1891 - 1942)

Glückseligkeit besteht nur in Augenblicken:
Ich wurde glücklich, als ich das lernte.

Caroline Schlegel
(1763 -1809)

Gleichmut – Einheit – Liebe

Wer keinen Besitz hat in dieser Welt und in Gleichmut ungestört lebt, der hat sich den Dingen abgewandt und ist reich an Frieden.

Gautama Buddha
(560 - 480 v. Chr.)

Wenn ich erfahre, wer und was ich wirklich bin, erfahre ich *Einheit*. Ich erfahre, daß wir alle zusammengehören wie die Wellen des Ozeans, wie die Maschen eines Netzes und so können wir im *Zen* auch das Gelübde rezitieren:
> *„Zahllos sind die Lebewesen.*
> *Ich gelobe, sie alle zu retten."*

Willigis Jäger

Die Flöte der Unendlichkeit wird ohne Unterlaß gespielt und *Liebe* ist ihr Ton.
   Wenn Liebe aller Begrenztheit entsagt, erreicht sie die *Wahrheit*.

Rabindranath Tagore
(1881 - 1941)

Dein Leben
wird zu einer Magnetnadel

Wenn du dich eins fühlst mit dem Einen, das allein wirklich ist, wird dein ganzer Leib reine Kraft, wird zum Kraftstrom.

Dein Leben wird zu einer Magnetnadel, die ein gewaltiger Magnet an sich zieht, und wie du tiefer dringst, wirst du rein eine Mitte.

Und dann bist du nicht einmal mehr das, denn du wirst reines Bewußtsein, da gibt es keine Gedanken mehr.

Es ist eine Überflutung, du bist nur mehr ein Strohhalm und wirst lebendig verschlungen; aber das ist höchstes Glück, denn dabei wirst du eben das, was dich verschlingt.

Das „Ich" verliert sich im wahren Selbst, das WIRKLICHKEIT ist.

Ramana Maharshi
(1870 - 1950)

Menschen mit Herz

Du kannst nicht leben, wenn du keinen Menschen hast, der sich um dich kümmert, dem du dich anvertrauen kannst, bei dem du immer willkommen bist. Du triffst im Leben viele Menschen, aber nur wenige treten in dein Leben ein, verbinden sich mit deinem Leben.

Welch ein Segen, wenn es Menschen sind mit Güte und Wärme, mit Verläßlichkeit und Treue, mit Herz!

Du kannst nicht leben, wenn du keinen Menschen hast, *um den du* dich kümmerst. Man muß nicht meinen, man sei mit der Liebe fertig, wenn man keinem zu nahe kommt und keinem etwas zuleide tut.

Wirklich lieben heißt, sich um Menschen kümmern, aufmerksam, einfühlsam, erfinderisch.

Phil Bosmans

Das Leben

DAS LEBEN ist eine Chance,
    nutze sie.
DAS LEBEN ist schön,
    bewundere es.
DAS LEBEN ist ein Traum,
    verwirkliche ihn.
DAS LEBEN ist eine Herausforderung,
    nimm sie an.
DAS LEBEN ist kostbar,
    gehe sorgsam damit um.
DAS LEBEN ist ein Reichtum,
    bewahre ihn.
DAS LEBEN ist ein Rätsel,
    löse es.
DAS LEBEN ist ein Lied,
    singe es.
DAS LEBEN ist ein Abenteuer,
    wage es.

DAS LEBEN ist Liebe,
    genieße sie.

Mutter Teresa
(1910 - 1997)

Eine Allegorie
über die 12 Tierkreiszeichen

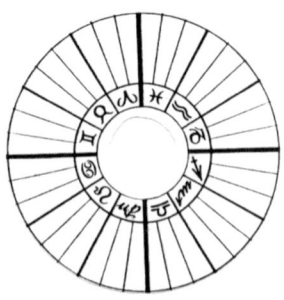

Und es war Morgen, als Gott vor seinen *zwölf Kindern stand und in jedes von ihnen den Samen menschlichen Lebens legte.* Die Kinder traten nacheinander vor ihn, um seine Gaben zu empfangen.

♈

„Dir, Widder, gebe ich als Erstem meinen Samen, damit du die Ehre hast, ihn zu pflanzen. Jeder Same, den du pflanzest, wird sich in deiner Hand eine Million mal vervielfältigen. Du wirst keine Zeit haben, den Samen wachsen zu sehen, denn alles, was du pflanzest, erzeugt wieder Neues, was gepflanzt werden muss. Du wirst der Erste sein,

der die Ackerkrume des menschlichen Geistes mit meiner Idee durchdringt. Aber deine Aufgabe ist weder die Idee zu nähren, noch sie in Frage zu stellen. Dein Leben ist Tat, und die einzige Tat, die ich dir zuschreibe ist: Beginne damit, den Menschen meine Schöpfung bewusst zu machen. Für deine gute Arbeit gebe ich dir die *Tugend der Selbstachtung.*"

Ruhig ging Widder zu seinem Platz zurück.

„*Dir, Stier,* gebe ich die Kraft, Substanz in den Samen zu legen. Deine Aufgabe ist von großer Art und erfordert Geduld, denn du musst das Begonnene vollenden, sonst wird der Same durch den Wind verschwendet. Es ist nicht deine Aufgabe, zu hinterfragen, deine Meinung in der Mitte zu verändern oder von anderen abzuhängen bei dem, was ich von dir fordere. Dafür schenke ich dir die *Gabe der Stärke. Nutze sie weise.*"

Und Stier ging zum Platz zurück.

Ⅱ

„*Dir, Zwilling,* gebe ich die Fragen ohne Antworten, damit du allen eine Einsicht bringen kannst von dem, was sie um sich herum sehen. Du wirst niemals wissen, warum die Menschen reden oder zuhören, aber auf der Suche nach der Antwort wirst du mein *Geschenk des Wissens* finden."

Und Zwilling ging zurück auf seinen Platz.

„*Dir, Krebs*, gebe Ich die Aufgabe, die Menschen etwas über Empfindungen zu lehren. Ich möchte, dass du die Menschen zum Lachen und zum Weinen bringst, damit sie das Gesehene und Gehörte zu innerem Reichtum entwickeln. Dafür erhältst du von mir *das Geschenk der Familie,* damit sich dein Reichtum vermehre."

Und Krebs ging zurück an seinen Platz.

Ω

„*Dir, Löwe*, gebe Ich die Aufgabe, der Welt meine Schöpfung in all ihrem Glanz zu offenbaren. Aber du musst mit deinem Stolz vorsichtig umgehen und dich immer daran erinnern, dass es *meine Schöpfung* ist und nicht deine. Denn wenn du es vergisst, werden dich die Menschen verschmähen. Es gibt viel Freude bei deiner Arbeit, wenn du sie nur richtig machst. Dafür sollst du das *Geschenk der Ehre* erhalten."

Und Löwe ging zurück auf seinen Platz.

♍

„*Du, Jungfrau*, erhältst die Aufgabe, alles zu prüfen, was der Mensch mit meiner Schöpfung gemacht hat. Du sollst seine Wege gründlich erforschen und ihn auf seine Irrtümer aufmerksam machen, damit durch dich meine Schöpfung vollkommen werden kann. Hierfür gebe ich dir *das Geschenk der reinen und klaren Gedanken*.“
Und Jungfrau ging zurück an ihren Platz.

♎

„*Dir, Waage*, gebe ich die Aufgabe des Dienens, damit der Mensch sich auf seine Pflichten, dem Nächsten gegenüber besinnt, auf dass er Zusammenarbeit lernen kann wie auch das Betrachten seiner Handlungen von einem anderen Standpunkt aus. Ich bringe dich überall hin, wo es Unstimmigkeiten gibt, und für deine Bemühungen will ich dir *die Gabe der Liebe* schenken.“
Und Waage ging an ihren Platz zurück.

♏

„*Dir, Skorpion*, gebe ich eine sehr schwierige Aufgabe. Du wirst fähig sein, die Gesinnung der Menschen zu erkennen. Aber ich erlaube dir nicht, über

das, was du lernst, zu sprechen. Oft wirst du unter dem Gesehenen leiden, und in deinem Schmerz wirst du dich von mir abwenden. Darüber vergisst du, *dass nicht ich es bin,* der dein Leid verursacht sondern die Verdrehung meiner Idee. Du wirst so viel von dem Menschen sehen, dass du ihn wie ein Tier kennen lernst, und du hast viel mit seinen animalischen Instinkten in dir selbst zu kämpfen, dass du deinen Weg aus den Augen verlierst. Aber wenn du schließlich zu mir zurückkehrst, habe ich für dich das höchste *Geschenk der Zielstrebigkeit.*"
Und Skorpion ging zurück.

„*Schütze,* von dir fordere Ich, dass du die Menschen zum Lachen bringst, denn inmitten ihres Missverstehens meiner Idee werden sie verbittert. Durch Lachen gibst du den Menschen Hoffnung, und durch Hoffnung richten sie ihr Augenmerk wieder auf mich. Du wirst mit vielen Leben in Berührung kommen, wenn auch nur für einen Augenblick, und du wirst die Ruhelosigkeit in jedem Leben spüren. Dir, Schütze, gebe ich das *Geschenk des unendlichen Überflusses,* damit du dich weit genug ausbreiten kannst und selbst die finstersten Ecken erhellen kannst."
Und Schütze ging zurück auf seinen Platz.

„*Von dir, Steinbock*, fordere ich den Schweiß deines Angesichts, damit die Menschen von dir das Arbeiten lernen. Du hast keine leichte Aufgabe, denn die Mühen aller Menschen werden auf deinen Schultern liegen; doch für die Bürde deiner Lasten lege ich *die Verantwortung für die Menschen in deine Hände.*"

Und Steinbock ging zurück.

„*Dir, Wassermann*, gebe Ich die Vorstellung *von der Zukunft*, auf dass die Menschen andere Möglichkeiten sehen können. Du wirst den Schmerz der Einsamkeit erfahren, denn Ich erlaube dir nicht, meine Liebe zu personifizieren. Doch dafür, dass du den Menschen neue Möglichkeiten aufzeigst, erhältst du von mir *das Geschenk der Freiheit*, damit du der Menschheit immer zur Stelle bist, wenn sie dich braucht."

Und Wassermann ging an seinen Platz zurück.

„*Dir, Fische*, gebe Ich die schwierigste Aufgabe von allen. Du sollst die Sorgen aller Menschen sammeln und sie mir zurückgeben. Deine Tränen werden schließlich meine Tränen sein. Das Leid, das du auf dich nimmst, ist die Folge des menschlichen Missverstehens meiner Idee, doch du sollst Erbarmen mit ihnen haben, damit sie es noch einmal versuchen können. Für diese schwierige Aufgabe erhältst du das größte Geschenk von allen. *Du wirst das einzige meiner zwölf Kinder sein, das mich versteht.* Doch diese Gabe ist *nur für dich allein*, denn wenn du versuchst, sie auszustreuen, wird man dir nicht zuhören."

Und Fische ging zurück auf den Platz.

*... Dann sprach Gott: „Jeder von euch hat einen Teil meiner Idee. Ihr dürft diesen Teil weder mit meiner ganzen Idee verwechseln, noch sollt ihr euch wünschen, die einzelnen Teile miteinander zu vertauschen. Denn jeder von euch ist vollkommen, doch das werdet ihr nicht eher wissen, **bis alle zwölf von euch EINS sind**. Und erst dann wird jedem einzelnen von euch die Ganzheit meiner Idee offenbart werden."*

Und die Kinder gingen, jedes von ihnen fest entschlossen, sein Bestes zu tun, um seine Gabe in Empfang nehmen zu können. *Doch keines von ihnen verstand seine Aufgabe und sein Geschenk ganz,* und als sie verwirrt zu Gott zurückkamen, sprach er: *„Jeder von euch glaubt, dass die anderen Gaben besser seien. Darum erlaube ich euch zu tauschen."*

Und für den Moment war jedes Kind begeistert, als es all die Möglichkeiten seiner neuen Aufgabe erwägte. Aber Gott lächelte, als er sagte: *„Ihr werdet noch viele Male zu mir zurückkommen, und mich bitten, euch von eurer Aufgabe zu befreien,* und jedes Mal werde ich eurem Wunsch nachkommen. *Ihr werdet durch unzählige Inkarnationen gehen, bis ihr die ursprüngliche Aufgabe,* die Ich für euch vorgesehen habe, *vollständig erfüllt. Ich gebe euch unendlich viel Zeit dafür, doch erst nach Erfüllung dieser Aufgabe könnt ihr bei mir sein."*

Vermittelt von Martin Schulmann
(Autor und Astrologe)

Die Blume des Lebens

Vom wahren Sein

Wie töricht ist der Wunsch,
Gott möcht' uns ganz erfüllen,
Als könnt' ein Ozean
in einen Tropfen quillen!

Kehr das Verhältnis um:
Ergib du dich dem Meere,
Lös dich als Tropfen auf,
Dein Ich in Gott entleere.

Erlösung kann das Ich
Nie in sich selbst erringen,
Du sollst doch grade dies:
Die Opferung vollbringen!

Nur wer zum ew'gen Urgrund
Sich wieder heimgefunden,
Wird in der großen Einheit
Sich lösen und gesunden.

Dem Wahn nur gilt das „Ich"
Als Fundament der Welt –
Das wahre SEIN hebt an,
Wenn falscher Grund zerschellt.

C. M. Feuerbach
(1897 - 1989)

Weisheit der Indianer

„Die Erde liebt nur, Sie freut sich,
wenn sie uns singen hört."

„Die Erde wird nicht zerstört werden, denn der LEBENSBAUM wird nie aufhören zu wachsen; der Lebensbaum, von dem die Religionen der Welt kommen, und seine Wurzeln reichen zum Herzen der Mutter Erde", sagte der Sioux-Indianer und Medizinmann Lama Deer, jun.

„Aus diesen Wurzeln werden Völker und Nationen hervorsprießen und ihr Leben wird harmonisch mit allen Lebewesen verbunden sein. Voller Achtung und Demut werden sie über die Erde wandeln.

Unsere Religion, wie du siehst, ist so schlicht! Ihr aber macht ein Mysterium daraus!"

Dank

Dank meinen altbewährten Seelenfreunden Heinz, Otto, Elisabeth, Herta für Rat und Tat bei der Herausgabe dieses neuen Lesebuchs bei BoD. Dank an Elvira für das Schreiben des Manuskripts.

Dank den Verlagen, die mir für das Kapitel „Texte zum Nachdenken" eine einmalige Abdruckerlaubnis erteilten und dem Urania-Verlag München, für die Wiedergabe der "Allegorie über die 12 Tierkreiszeichen".

Ein besonderer Dank meiner lieben japanischen Freundin Kimiko und Herrn Otsuka für ihren geistigen Beistand während meines Klinikaufenthaltes.

Mein Gott, dir sag' ich Dank.

Dass du die Jugend mir bis über alle Wipfel
In Morgenrot getaucht und Klang,
Und auf des Lebens Gipfel,
Bevor der Tag geendet,
Vom Herzen unbewacht
Den falschen Glanz gewendet,
Dass ich nicht taumle
ruhmgeblendet,
Da nun herein die Nacht
dunkelt in ernster Pracht.

Joseph von Eichendorff
(1788-1857)

Anhang

Bildhinweis

Alle Fotos, Umschlag und Farbtafeln (8) Privatarchiv L. Musil
Die drei Federzeichnungen stammen von Grafiker Wolfgang
Nickel, Patmos Verlag Düsseldorf aus dem Buch von Tagore
„Am Ufer der Stille", 1995

Texthinweis

Alle Texte von S. Musil mit Ausnahme von Kapitel: „Texte
zum Nachdenken" in der Reihenfolge der Beiträge:

Hermann Hesse (1877 - 1968) Gedicht „Welkes Blatt" aus
dem Insel-Taschenbuch „Bäume", 1984

Ludwig Uhland (1787-1962) Gedicht „Nähe" aus
dtv-Ausgabe „Der Garten der Poesie"

Joseph von Eichendorff (1788-1857) „Mondnacht" und
„Dank" aus der dtv-Ausgabe „Schläft ein Lied in allen Din-
gen", 2007

Dom Helder Camara (1909 - 1999) Bischof von Rio. Ge-
dichte: „Weh' den Satten" und „Die alte Straße" aus „Mach'
aus mir einen Regenbogen". Deutsch beim Pendo-Verlag,
Zürich

Marie Freifrau von Ebner-Eschenbach (1830 - 1916) ös-
terreischische Erzählerin, u. a. „Krambambuli", Aphorismen
„Weisheit des Herzens" finden sich in ihren Gesammelten
Werken.

Hazrat Inayat Khan (1882 - 1927) indischer Meister und Sufimystiker. Die Betrachtung „Der Mensch weist in seinem Leben" ist dem kleinen Band „Wanderer auf dem inneren Pfad" entnommen. Verlag Heilbronn (Teil seines 13-bändigen Lebenswerkes).

Khalil Gibran (1883 - 1931) Dichter, Philosoph, Künstler. Das Zitat „Wie Samen" ist dem dtv-Buch „Der Traum des Propheten" entnommen. Deutscher Taschenbuch-Verlag, München 2004

Zweites Buch Henoch „Alles hat seine Engel"

Sant Thakar Singh (1929 - 2005) Meister des spirituellen Weges „Sant Mat" (Pfad der Meister) und Nachfolger von Sant Kirpal Singh. Entnommen „Kraft aus der Seele. Meditative Texte für jeden Tag". Verlag Edition Naam, Augsburg, 2003

Pater Anselm Grün Abt von Münster-Schwarzach, „Wer leben will" aus dem Bändchen „Jeder Tag ein Weg zum Glück". Herder Verlag, Freiburg/Br., 2005

Christine Stecher „Seelengebet" (Erzengel Gabriel) und „Michael" aus „Mein kleines Engelbuch". Mosaik Verlag, München, 1998

Ruth Nickel Gedicht „Atme in mir, Heiliger Geist". Missio-Zeitschrift München

Dietrich Bonhoeffer (1906 - 1945) „In mir ist es finster". Missio-Gebetbuch

Weisheiten von Ost und West Text von Tschuang Tse und Zen-Weisheit

Friedrich Rückert (1799 - 1860) „Dazu sind eben Wünsche". Gesammelte Werke

Johannes XXIII (1881 - 1963) „Rund um die Uhr mit Gott verbunden" aus „Soviel Zeit muss sein". Benno Verlag, Leipzig

Christian Morgenstern (1871 - 1914) „Abendläuten" aus „Ich und die Welt". Sämtliche Dichtungen, Bd. 3. Verlag Zbinden, Basel, 1989

Pater Ludwig Balling (CMM) Herausgeber der Mariannhiller Geschenkbändchen „Die Stunde der Rose". Enthält Aphorismen und Vergleiche um die Geduld. Missionsverein Mariannhill, Würzburg, 2008

Liselott Musil (geb. 1927) ist Schriftstellerin und Redakteurin. Ihre Haikus sind bisher unveröffentlicht.

Lebensweisheiten von klugen Frauen wie Luise Rinser (1911 - 2002), Edith Stein(1891 - 1942) und Caroline Schlegel (1763 -1809). In zahlreichen Anthologien zu finden.

Gautama Buddha (560 - 480 v. Chr.) erfuhr die Erleuchtung und gab seine Erfahrungen an Jünger weiter.

Willigis Jäger leitete bis 1983 das Missionszentrum der Abtei Münsterschwarzach bei Würzburg. Er ist ZEN-Meister und lebt vorwiegend in Japan. Autor zahlreicher Bücher.

Rabindranath Tagore (1881 - 1941) indischer Dichter und Mystiker und Verfasser mehrerer spiritueller Bücher.

Ramana Maharshi (1870 - 1950) Indischer Weisheitslehrer, Eremit und Dichter. „Das Leben wird zu einer Magnetnadel" aus „Sei, wie du bist". O. W. Barth Verlag bei Scherz, 1983

Phil Bosmans „Menschen mit Herz" aus „Sonnenstrahlen des Herzens tun dir gut". Verlag Herder, Freiburg

Martin Schulmann, Astrologe und Buchautor „Eine Allegorie" aus Band 8 „Karma-Astrologie" 1988, Druckhaus Urania, München, 1982

Carl. M. Feuerbach (1897 - 1989) Kosmobiologe und Autor „Vom wahren Sein". Privatverlag, alle Rechte bei L. Musil, Lindau

Lame Deer (1900 - 1976) Sioux-Indianer und Medizinmann, Sohn des berühmten Häuptlings Lame Deer. sen. Aus „Weisheiten und Prophezeiung vom Lebensbaum"

Index

A

B

C

D

Weitere Bücher
von Sacimata Musil

„Liebe dein Leben"
Abenteuer des Geistes
152 Seiten, bebildert (2007)
ISBN 978-3-8334-6815-5

„Liebe dein Leben - II"
Finde Frieden und Freude in dir selbst
112 Seiten, 4 Farbfotos im Text (2008)
ISBN 978-3-8334-8811-5

„Schmetterlinge
sind meine Gedanken"
Über Geburt, Tod und Verwandlung
112 Seiten, mit 4 chines. Holzschnitten
und alten japan. Tuschzeichnungen (2009)
ISBN 978-3-8370-3098-3

Books on Demand (BoD) GmbH
Norderstedt
http://www.bod.de